D1388195

De tweede helft

Anna Enquist
De tweede helft
Gedichten

Uitgeverij De Arbeiderspers
Amsterdam / Antwerpen

Eerste druk oktober 2000
Tweede druk december 2000

Omslagontwerp: Marjo Starink
Omslagillustratie: Co Westerik, Snijden aan gras II,
2000 c/o Beeldrecht Amstelveen

ISBN 90 295 1512 0 / NUGI 310

Inhoud

[IV] VOORUIT

[V] STILSTAND

[1] De plaatsen

Je onbedekt huis

Haast van hout zoals hij daar
in de verte mijn voetstap, zijn
startschot afwacht. Boven op de dijk.

Omgeklapt trekt hij bliksemschichten
over het veld, zwiept hij zich
veilig naar zijn draaikolk van gras.

Haas ik wil je niet jagen, ik wil
je onbedekt huis met je delen, ik
wil lezen wat je schreef op de akker.

Ik wil je grijsgouden vacht voelen
maar bedrog en vernieling persen
zich tussen hand en haas, telkens.

Met stomheid

Loodzware dagen zeggen we maar
wat weegt zo'n woord weinig; het laatste
zeilt op stadsdamp neerwaarts, kromt
zich keer op keer om zijn betekenis.

Argeloos keren de huizen hun dierbaarste
wanden naar buiten, fluisteren Lissabon,
Lissabon. Tussen keuken- en badkamertegels
zoeken we traag naar de tekens, verrijzenis.

Het water staat laag. In marmeren armen
murmelt het zacht tegen schepen aan. Stad,
leer mij het onverstaanbare, het openbare,
de sporen van kleine roeiers over de Taag.

Een plaats

Voor Gerrit

Het klooster van Hieronymus in Lissabon,
althans de bovenste gaanderij, in elk geval
de noordwestkant daarvan, bij de stenen bank
waarnaast de urn als asbak. Een ruime
middag daar gezeten, zo veilig als het kon,
met de oude vriend. Gepraat over pen,
klok en stokvis. Rook bliezen we
naar boven, naar de woest overtrekkende
stralend witte wolken; in de verte wisten we
de oceaan, de Styx, de boot met de veerman.

Vergeet het niet, niet het knipselwerk
van de reling, het volmaakte vierkant,
het blauwste uur – vergeet het niet.

Niemand

De dood, zegt men, heeft genomen.
Ik zat op de grond met een dode
maar niemand kwam om te nemen.

Ik lispelde ongehoorde kinderwoorden
maar de laatste lucht vloog de stad in
en niemand kwam om te nemen.

Nee, er was in dit spel geen opzet,
niemand keek verder dan ik, niemand

verpletterde ons met een grote vuist
tegen het ellendig plaveisel. Niemand.

Overval

Een overval trof mij op straat. Schielijk
liet ik een lichaam liggen op een oude krant,
mijn armen vouwden zich om een gezicht.

– De stervenden zijn kinderen, ze kwijlen
langs je polsen, pissen in je schoot.
Gewichtloos zijn ze. Niet te tillen. Dood –

Er stonden stomme vreemden om ons heen,
de stoep een snijzaal vol met zwijgend
personeel. Ik fluisterde totdat de leraar kwam.

– Hun vals vertrek zet je beschadigd
aan de kant. Daar is de zorgeloze zon,
onnozel licht. Ze laten je alleen –

Uit Delft

Als hier licht valt, dan onder loden
lucht, valse gloed in de namiddag.

Kon ik de stad innemen, mij stellen
in de stenen cirkel op de markt, drinken

de bloedige schaduw van het stadhuis –
Laat naar je kijken. Ik bonk op de muren,

zij verstuiven als ochtendas in de kachel,
of ik er ben. Uit de grachten rijst

een wal van zuur water. Hier was het,
hier zuchtte ik om de polder, viel ik

tegen ijzig bouwwerk. Hier ruilt men
de reis tegen een enge thuiskomst.

Mozarts uitzicht

Door Wenen liepen we drie dagen
de koortsige muzikant achterna.
Op deze traptreden rende hij, kroop;
wij betastten ze met blote handen.
We zogen van de dakbalk de nerven,
van de schoorsteen de roetveeg. Wij
likten het stof uit de vloernaden.

Japanse vrouwen lieten het Lacrimosa
uit koptelefoons knetteren, Spanjaarden
floten de Figaro, schoolkinderen renden
rond de vitrines. Binnen deze muren,
ja, in de maat van deze vertrekken.
We drukten de wangen tegen het raam
en zagen wat gezien was: de Bloedsteeg.

Rondleiding

Voor Paul Citroen

De keuken. In die glimmende pannen
koken wij meer dan we op kunnen.

In de tent slaap ik met mijn broer
en zes jongens. Onder in de slaapzak

heb ik alles: beer, mes en briefkaart.
Je moet nacht maken voor het nacht

is. Met je ogen. Hier was vuur.
Op deze stenen zaten wij en zongen.

De leider speelde gitaar. 's Morgens
was de as nog heet. Dagen van regen

waren nodig om de gloed te doven.
Dit is maar een gedeelte, van het kamp.

[11] Achteruit

Moed

'Nu tussen ons, hooiwagen!'
riep mijn zoon van vier.
Hij hief zijn houten zwaard,
duwde de deur opzij. Trots
en gelukkig waren wij.

En tussen ons, herinnering.
Kruip je het donker in
of tril je voor mijn lans?
Kom dichterbij; ik maak je in.

Naar het noorden

[1] *Bezoek aan mijn zoon*

Aan de rafelrand van Stockholm
staan studentenflats bijeen
als bijenkorven. Het gruispad
voert langs grijs en sneeuwloos
gras, sporthal, station.

In de keuken, tussen twintig
ijskasten, wordt niet gerookt.
Op dinsdag schreeuwen ze zegt hij,
uit alle ramen. Om zes uur.
Waarom? Wie er begint?

Doen ze het overal of alleen
hier, en sinds wanneer? Hoe lang
het duurt? – Een klein kwartier. –
Wat schreeuw je dan? – Hij kijkt
naar buiten, zwijgt.

[11] *De schreeuw*

Door de glimmende gang trekt hij
de grootste koffer. In het hok
dat huis wordt ademt hij uit.

De blonde meubels hebben rechte
hoeken. Een jongen uit Japan zit
op de grond en vindt de zoldering

ver weg. Het raam heeft dubbel glas.
Hij opent het discreet. Hij legt
zijn handen op de plank en wacht.

Dan vallen gaten in het grijs
en zwelt de schreeuw als een orkaan
uit duizend witte monden, tolt

kolkend rond het plein en stijgt –
tot hij zijn oren sluit, het bars
geluid met hoog gegil bestrijdt.

[III] De stilte

Er staat een stolp over Zweden,
je ziet witte heuvels en teer
naaldhout, een stil vuur.

Aan de bosrand strekt de eland
zijn hals, toont stralende tanden.
Mist stoomt hortend uit zijn keel.

Binnen kraakt de stoelpoot
als een brekende mastboom.
Adem stormt boven tafel,

sluisdeuren slaan in de mondholte,
door ingewanden stort zich woedend
een machtige waterval van koffie.

Wildzang weergezien

Het was bedacht in een doos
in een stad aan een tafel, gedicht
met potlood, door een ijsmens.

Hij dreef hout met hamers in aarde,
perste de grasprieten terug in de grond
met de morsetekens van zijn moker.

Toen konden wij picknicken bij de paaltjes,
de regels langs rennen met geschaafde schenen.
Mijn hinkepootjes, mijn hazehartjes, en ik.

Gisteren waren de lege velden bos
geworden, wuivende kruinen gonsden
in verdwenen gelid een wilde zang.

De rode jas

Zij neemt haar rechten voor lief,
de dochter. Spetterend zonlicht,
zacht water, droevig lied.

Over het veilige gras kruipt zij
op mij toe. Knieën, armen, mond.
Zij heeft recht op een rood jasje.

Hoe de kleuren zijn opgevreten
door achteloze schemer zal ik
verzwijgen. Slechts wit

treft het oog als een vuistslag.
Recht op de schreeuw, de laatste
boot, de smaak van brood?

Kijk: in de avond vloeit tijd
als een vlies over de dingen.
Ons recht. Ons raakt het niet.

Kind dit zijn leugens, dit gaat
over dikke huid en dichte ogen;
dit zijn de regels van het gedicht.

Geef terug!

Zon, vurigste bal, klimt in de stad.
De zonen zijn opgeborgen in huurkamers
tussen Tukkers en Turken. Ze dromen
van dans, doeltrappen, gras waaronder
wormen schrikken van hun voetstap.

De moeders, ach, moeders. Ze staan
te roken op het balkon, ze dreigen
met een voetbalshirt in kindermaat.
Ze schelden op de engel van de dageraad,
en huizen staan te vlammen in hun rug.

[III] De wegen

Van het water

Hij torent hoog boven mij uit, de brug,
en grijpt met harde vingers in het gras.
Voertuigen schuiven heen en terug, een kind
brengt bloemen, de fanfare juicht.

Ik wacht. Men zal zich naar mij buigen
krom van waan en klacht en in de golfslag
troost van honderd moeders horen. Ik ga
gewillig rond de nieuwe pijlers staan.

Ik zal nog tegen stenen slaan als deze brug
is overwoekerd en vergaan. O wolkenlucht,
spiegel u in mijn huid. Ik heb mij laten
leiden en omspannen en verslaan.

Excursie [1]

Schokland mist. Het dorst
aan zijn dijken, de haven
eet zand. Ongeloof kleeft
aan de randen. Beweging
stokte in windsels van klei.

Er gaapt een gat in de zij.
Dat laten we zo, zegt zuster.
Ze stapt weg op een voetpad
dwars door de zee van gras.
Gras. Haar dienst zit er op.

Schapen bezetten het vuurbaken,
het museum heeft de misthoorn.
Geen woordspeligheid meer, niets
knarst, kraakt, knalt, barst.
Schokland stikt en ligt vast.

Excursie [II]

Een eiland neemt men lieve
leerlingen vanuit de zuidzijde.
Langs benige richel landinwaarts
sluipen over vals plat immer
breder, aan overkant evenbeeld.

Heftig gonst het onder wiegende
bodem; wankel maar weg
naar heuvels met rozige toppen.
Een steilte. De volle vulkaan,
vlezige krocht achter kiezenwand.

Lauwe tocht uit de tweeling-
grot in het noorden. Kalmte
is alles. Scheer langs twee
glimmende vuren naar sluik
liggend gras. Kinderen,

dit is de hoofdkaap. Nu turen.
Mateloos water, geen schepen geen
wind onder hemel van glas.

Postzegel met berekop, Zweden 1997

Ik dacht de hele dag aan hem, 's morgens
zag ik zijn sporen in de rivierbedding.
Het pad bracht mij omhoog, wat berk heet
kromp en kroop langs de grond. Mijn weg
was betekend met rode vlekken.

Ik wacht op het kruispunt, onmachtig
een stap in niemandsland te zetten,
tot hij zijn allesetershoektand
in mijn hals slaat, het dicht
voor mij maakt met zijn zachte klauw,
mij met een herinnering aan honing
het donker in stoot.

Thuis valt nacht als een ansichtkaart
door het venster, groet uit het zwarte.

Waakzaam

De roffel van zijn hart waarschuwt
het kind dat op de schommel tolt
en zweeft. Hij knikt zodra het landt.

Het denken houdt niet op. Als zij
gaan liggen in de nacht weeft hij
een net van aandacht om het huis.

Gedachten jaagt hij ver voorbij contract
en kruising. Al het onverwachte is
een nederlaag die slim wordt bijgezet.

Niets moet hem nog verrassen mits
het bloed voortruist, het brein oplet.

Over de Dnjepr

Ik herinner mij
dat ik over de Dnjepr zwom.
Aan de oever stond een groep
Oekraïense boeren mij uit te schelden.

Te waarschuwen.
Rustig zwom ik door. Het leek mij
niet meer dan Maas of Waal. Domkop,
riepen ze steeds zachter, pas op, gevaar.

Heb ik aan de overkant
overwogen druipend door te lopen
naar Oezbekistan? Mij te kleden
in zijde, te schoeien met lak?

Het is lang geleden. Ik zwom terug
en kwam aan land op ruime afstand
van de waarnemers. In het zand
lag een man met paarse voeten.

Zijn hoofd in de struiken, zijn gezicht
verborgen in de grond. Ik kon het beeld
niet bewaren en vergat dat ik ooit zwom
over de Dnjepr.

Bekoring

Zo'n roos zuigt je blik
zijn zoete werveling in
met roestige lippen;
zo'n bloemblad is fluweel
aan je vingers, fluistert
van maanlicht en sprookjes
in het draaiboek van je brein.

Ga blind ga gehandschoend
naar roos. Meedogenloos
duwt hij binnenwerk van strot
en neus opzij: slootwater,
lijklucht, feest van drek
en rotting in je longen –
noem het nectar, ambrozijn.

Waar is het feest?

Met z'n zessen in de kleine bus naar Parijs.
De spoeling is brijig van verheugen en verhoogd
besef van reis. In de bus is het goed. Hij bijt

in asfalt, laat zich trekken naar de stad, bereid
zich mee te laten zuigen naar het hart van wat
wij willen. Door zijn uitlaat knallen onze jaren,

hypotheken, boeken, baby's, pillendozen, brillen.
Naar het feest! We stuiteren als ballen op de kade;
banieren op de bruggen, vlaggen langs de waterkant.

We vinden oesters in de eetzaal, wijn in het paleis,
trillen tot rust op een terras. Waar is het feest?
Het feest is in een kleine bus, zich haastend naar Parijs.

[IV] Vooruit

De tweede helft

Na de rust de kwetsuren
verbinden in letters. Handen
op tafel. Uren luisteren naar
het ruisen van ongebruikte
zenuwbanen, met ontheemde
spieren stil meehuilen. Nu,
in de tweede, de wrede helft:
afleren, opschrijven, ontberen.

Ongezien

Een baaierd van blikken bewees
zijn bestaan. Kijkers kenden
de contouren van zijn schouders.

Onder het krakend harnas van roem
begon het zeurend te branden.
Afleggen. Men rouwde. Ook hij.

Toen niemand meer keek kroop
hij verkreukeld het veld op,
rekte zijn nek onwennig. Vrij.

Bang

De tandartsdeur bijt in zijn slot.
De voeten voeren over straat voormalig
ik, een toegesnoerde strot, verdoofd

bij opbod. Er was een steekspel
in de binnenste kaakhoek, het liet mij
een halve tong en nam een wang.

De hand weet waar lip was. Lip
is roken en kussen verleerd, kent
geen tanden meer en laat zich dragen.

Zo valt vlees dood tussen aanwijzen
en gewaarworden. Rennende kinderen
in het brein staan reukloos stil;

stokstijf stollen denken en lijf, ogen
willen zich verwijden maar geen zenuw
die zich nog aan zenden waagt.

Dan zal de hand nog tasten, pijlsnel
op zoek gaan naar massa, naar
oog neus oor, naar pijn, naar pijn.

Zwaartekracht

Ik was een vrouw in een vliegtuig,
een etmaal onderweg, op het scherm
blauw geel groen, daarover schoven wij.

Het was nacht boven Lahore.
Hoe daar de wateren, dacht ik,
o, neerkomen. Ik zat verstijfd

in een stalen vuist, nauwelijks
vastgehouden door een tollende
planeet. Alles moet vallen.

Wind veegt het gruis van de bergen;
de ijswal omklemt de keien, sleept
ze weg; bomen werpen hun blad

in het neerstromende water.
Na elke bergtop kruipen ook wij
het dal in, het onverschillige huis.

Ik was een vrouw in een vliegtuig
op de thuisreis, op weg naar
een plaats op de ingedeukte aarde.

De wind

Voel je de wind? Die zal je de kop
kosten – waait een zoen naar je
gloeiend gezicht, blaast je keel
dicht met gruis, stuift je blind,
wuift je licht – zal je wiegen
 als je weg, als je thuis bent.

In het bos

Bosbessen blozen een welkom
met verdikte stelen. Beuken
wachten met hun lichtste groen.

Het eikeblad gaat zo vallen,
het fluistert, het ritselt onder
je strompelvoet, prevelt vaarwel

rond je stok. Bloed weigert
vingers en voeten te voeden,
matglas groeit op je ogen.

Het rook hier als de wereld,
nu smaakt het bitter in je oude
mond. Zon rijt het bos open,

licht wijst naar de grond.
Daar ga je neer, en het bos
staat ruisend te zwaaien daar boven.

Een beslissend ontbijt

Hoe zal het gaan? Een reuzin,
regelloos, hakt het kapje
van dit ei, mijn arme hoofd.

Haar lenige tong likt kleuren
en klanken, de herinneringen
en alle verbindingen daartussen,

mijn levenswerk plakt vermorzeld
tegen haar verhemelte. Hoe zij
dan slikt. Heerlijk. Leeg

zal ik achterblijven, eens, spoedig,
later. Niets meer weten, niets
dat mij invalt. Geen ik, niet mij.

Zo zal het gaan. En nu:
aan het werk. Het kan niet
anders, er moet gegeten worden.

Een lofzang

Op het ontsteken, het gloeien. Niet de vlam
maar het schroeien. Kruipvuur, geen brand.

Zij draagt aarde en vuur in haar jaszak,
elk half uur voedt zij bloedbaan en longen

met moed en verlangen. Zij vraagt
om een leugen, spiegelt een binnenbrand.

Als moeder smeult verlieven kinderen zich
in rook, walmend baken voor het geheugen.

Op het eerlijke grijs van die troost
een lied, op het roken een lofzang.

[v] Stilstand

Winterstop

Als gras in december, doe niet
aan groeien, kruip weg onder
een kille deken. Het is zwart
in de doelmond.

Er wordt gedroomd van zaadschieten,
bloeien met wuivende pluimen. Noppen
ranselen je recht, het mes
maakt je hard.

Tuin, water, tuin

[I]

Toch is hij gekomen. De bomen
heffen weer stom hun armen,

paddestoelen liggen als schuim
op het gras. Ik lach erom.

IJzig vocht kruipt in de kamers.
Hij scharrelt in de tuin, fluit

een lied tussen zijn tanden,
het weerklinkt als in een kerk.

Hij prent zich de lege gevel in,
hij leunt tegen de schuur. Hij

steekt nog eens op en wacht.

[IV]

Er huilt een hon
bos, dwars door

en schouderoph
op handen en kn

komt uit je keel
schreeuwen, je b

zonder besluit z
Men gaat scheep

daar ligt, men o
naar de tuin will

omwille van de d

[II]

Het is de zadelmaker. Het zou
reistijd zijn. Lucht van leer

en looizuur. Laat hem binnen,
maak een buiging. De haagbeuken

zijn verschrikkelijk, ze prikken
de zachte wind met hun takken.

Spreeuwen verhullen een ondraaglijk
uitzicht, kijk maar niet om.

Met snavels en slagpennen tikken zij
op de wijs van de hamer, het stroeve

fluiten van de kromme naald.

Een nieuw jaar

[1]

Nog niet. De zoon moet nog trouwen,
de oude nog sterven. Er komt nog
wereldvoetbal en goudvissenbroed.

In de reiskist vouwt zij de avondjurk,
kinderkleren, gesloten papieren. Eetbaar
de kleine vruchten en draken van koek.

Op de steiger blijkt de kist gevoerd
met gestreepte zijde. Leegte, lavendelgeur.
Gisteren zwommen hier zwanen als schepen.

De woorden struikelen. Verhalen
worden brabbeltaal. De namen
van de kinderen raken vergeten.

Er was een bos met grijze stammen,
een groot dier dat zij onverschillig
waarnam. Beest, dacht ze, beest.

Wind blaast een lied in kwinten
en octaven. Gestrekte takken wuiven
met hun laatste hand. Er is een boot

om haar de lege haven uit te dragen.
Zij heeft nog stem. Zij laat zich
nog niet varen naar het stille feest.

Dit is hier, denk je, dit is nu.
Het dorre onkruid, de dode bereklauw
langs het asfalt. Begerig naar plaats

lees je de hemel als een landkaart.
Je voelt de uren. Middernacht,
winter? Het is nu, het is hier.

Er was sneeuw gevallen, dakpannen
schemerden grijs door het wit, je kon
mussensnavels op steen horen tikken.

De jongen op het perron, je ziet
de tas bij zijn schoenen, hoe hij
zijn schouders beweegt, geeuwt en eet.

Tot de trein langs beton scheert,
de zuigwind zijn haar streelt. Je denkt
een station in Duitsland, zo laat al

denk je. Het gebeurt in de grijze windingen
die sissen onder je schedel. Alles,
alles: de waterige loop van de sporen,

de leeggebloede stengels, luidende klokken,
vuurwerk, de jongen. Het is niets,
een trillende celwand, explosie, niets.

[III]

Zoals wij eigenaar zijn van de woorden
bezitten wij huis, tuin en kinderen,
plaats makend voor nieuwe gebruikers.

Van ons rest een voetstap in aarde,
een kus op een kinderwang. Wij moeten
lippen laten bevriezen, ogen ontsteken.

Wij hoeden de hersenen, dragen een trog
vol herinnering fier op de hals. Schatten
zeulen we onwetend naar een einder.

Hoe voorzichtig wij zijn. Hoe wij oppassen
ook dit jaar weer niet om te vallen, niet
te gaan liggen, niet schreeuwen, nog niet.

Smaak

Het gedicht van de goede smaak
kiest woorden met dubbele bodem,
bescheiden binnenrijm, beeldspraak
aan banden. Breng het groot
op een regiem van stijlfiguur
en stijgkracht, dan groeit het
met beleid, in slank bestek.

Het gedicht van mij vreet zich vol
met rotzooi. Niet doen, zeg ik,
niet die bittere prak, dat droevig
rantsoen verzwelgen. Maar het vers
barst uit de krappe ceintuur
van de regels en smijt zich
tegen de bladzij, onder mijn blik.

Aantekeningen

'Wildzang weergezien' gaat over het kunstwerk *Wildzang* van de IJslander Sigurdur Gudmundsson. Het in 1976 op de Bijlmerweide opgerichte werk bestaat uit houten palen en is inmiddels geheel door bos overwoekerd.

'De rode jas' werd geschreven in opdracht van het ministerie van Buitenlandse Zaken voor de bundel *Reflections on the Universal Declaration of Human Rights*.

'Van het water' werd geschreven in opdracht van NRC *Handelsblad* ter gelegenheid van de opening van de nieuwe brug bij Zaltbommel.

'Waakzaam' gaat over Johan Cruijff, 'Ongezien' over Marco van Basten. Beide gedichten werden geschreven voor *Hard Gras*.

'De wind' werd eerder gepubliceerd als poëziewaaier bij Uitgeverij Thomas Rap.

'Tuin, water, tuin' maakt deel uit van een gezamenlijk project waaraan ook de componist Daan Manneke en de graficus Cees Andriessen meewerkten.

'Een nieuw jaar' werd geschreven in opdracht van het dagblad *Trouw* bij de jaarwisseling '97/'98.

Colofon

De tweede helft van Anna Enquist werd in 2000 in opdracht van
Uitgeverij De Arbeiderspers volgens ontwerp van Steven van der Gaauw
gezet uit de Trinité [2] en gedrukt door Drukkerij Groenevelt BV te
Landgraaf op 90 grams houtvrij romandruk.

Ander werk van Anna Enquist bij De Arbeiderspers:

Soldatenliederen (1991)
Gedichten, bekroond met de C. Buddingh'-prijs

Jachtscènes (1992)
Gedichten, bekroond met de Lucy B. en C. W. Van der Hoogt-prijs

Een nieuw afscheid (1994)
Gedichten

Het meesterstuk (1994)
Roman, bekroond met de Debuutprijs

Klaarlichte dag (1996)
Gedichten

Het geheim (1997)
Roman, bekroond met de Trouw Publieksprijs

De kwetsuur (1999)
Verhalen

De gedichten 1991-2000 (2000)